# SECRETOS INCÓMODOS

Secretos Incómodos
Texto: Flor Orozco
Ilustraciones: Alex Pérez Toledo

Fundadora y Directora: Tati Martínez
Ministerio Ya Basta, Inc.
www.yabastaonline.com
info@yabastaonline.com
Copyright @2013 por Ya basta, Inc.
ISBN: 9780996065900

**Prohibida la reproducción de este material.**

# SECRETOS INCÓMODOS

Texto: Flor Orozco
Ilustraciones: Alex Pérez Toledo

Esta es la historia de dos tortuguitas: Tina y Eddy. Ellas vivían en una playa enorme donde las aguas eran azules, transparentes, y había olas gigantes. La arena era muy finita. A Eddy y Tina les encantaba jugar a construir castillos con numerosos balcones y caracoles.

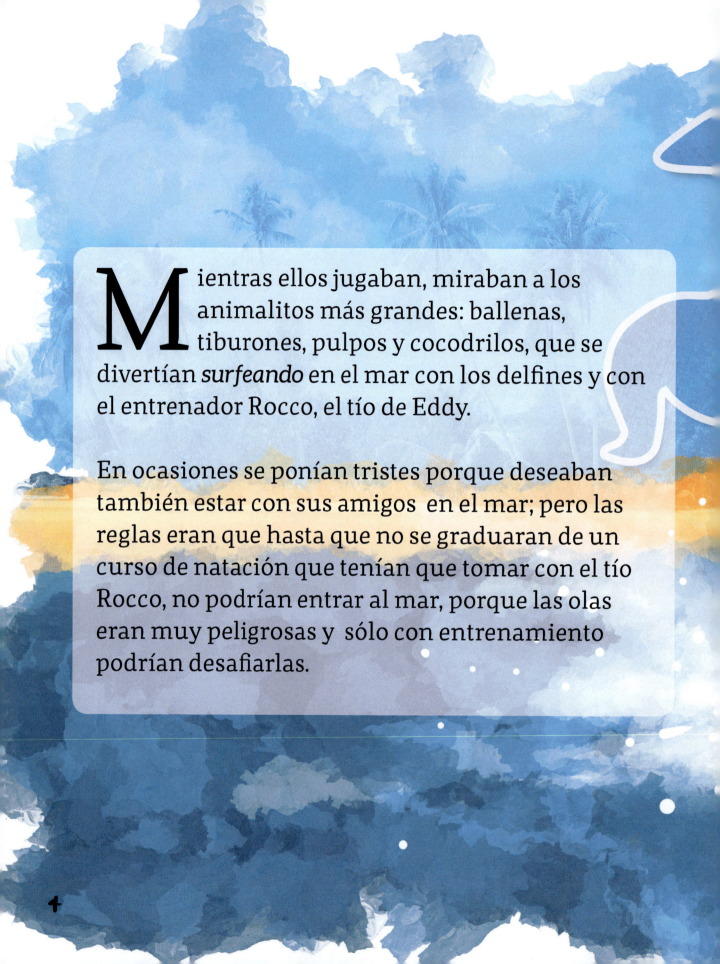

Mientras ellos jugaban, miraban a los animalitos más grandes: ballenas, tiburones, pulpos y cocodrilos, que se divertían *surfeando* en el mar con los delfines y con el entrenador Rocco, el tío de Eddy.

En ocasiones se ponían tristes porque deseaban también estar con sus amigos en el mar; pero las reglas eran que hasta que no se graduaran de un curso de natación que tenían que tomar con el tío Rocco, no podrían entrar al mar, porque las olas eran muy peligrosas y sólo con entrenamiento podrían desafiarlas.

Tina y Eddy eran los mejores amigos, siempre estaban juntos; todas las tardes al salir de la escuela, Eddy pasaba a la casa de Tina para ir a jugar con sus amigos al parque que estaba al frente de sus casas. Pero antes, iban a la tiendita de la esquina con Don Pancho (el abuelito preferido de los niños) a comprar su dulce favorito: una barra de chocolate muy grande.

–¡Ya llegaron mis niños consentidos! –exclamó don Pancho.
–¡Hola Don Pancho! –contestaron Eddy y Tina muy sonrientes. Y como siempre, corrieron a darle un abrazo muy fuerte y caluroso.
Don Pancho, con sus manos escondidas detrás de su espalda, les dijo: –¡Ya sé por qué vienen! –Y estirando sus manos los sorprendió sacando dos barras de chocolate.
Asombrados, Tina y Eddy gritaron:
–¡Sí! ¡Mi favorito!

¿Saben guardar secretos?– les preguntó don Pancho. Ellos respondieron animados:
–¡Síííííí!
–Como ya viene el Día del Padre, les tengo dos chocolates extra, para regalárselos a sus papás. Pero no les vayan a decir, porque los quiero sorprender.
–¡Si, don Pancho! ¡Se van a poner muy contentos nuestros padres!– dijo Eddy, emocionado.
–¡Gracias por ser un abuelito tan bueno! Expresó Tina con su vocecita tierna y cariñosa.
Don Pancho los despidió como siempre, con un abrazo y un beso en la mejilla, y les dijo:
–Tengan mucho cuidado, no hablen con extraños, y si se meten en apuros, griten fuerte para escucharlos y ayudarles.
–¡Eddy, cuida mucho a Tina!
–¡Sí, don Pancho! ¡Adiós!–

A lo lejos se escuchaban vocecitas gritando
- ¡Eddy, Tina!, ¡Vengan, vamos a jugar!
Eran Coky y Elsie, los mejores amigos de Eddy y Tina. Corrieron muy rápido hasta llegar al parque, donde todos sus amiguitos los estaban esperando.

-¡Wow! ¡Qué bueno que ya están aquí! - gritaron todos.

-Nos encanta jugar con ustedes- dijo Coky, entusiasmado.

-¡Sí!- dijo Elsie –porque siempre están contentos y son muy divertidos.-

Llegó el día tan esperado por Eddy y Tina: su primera clase de natación. Las pequeñas tortugas no podían contener la emoción, al saber que estarían por primera vez nadando juntas y entrenándose para su gran aventura en el mar. Ese día Eddy se despertó más temprano que nunca; de un salto se lanzó fuera de la cama y corrió a alistarse lo más rápido que pudo.

-Hijo tienen que tener mucho cuidado en el agua, escuchen y presten mucha atención a todo lo que les enseñe tu tío Rocco –dijo la mamá de Eddy con voz preocupada, mientras preparaba la mochila de su hijo.

-Si Mamá-, replicó Eddy, quien sólo pensaba en la idea de llegar a la inmensa piscina olímpica donde los esperaba el tío Rocco.
Ese día, como de costumbre, Eddy pasó a buscar a su amiga y así poder ir juntos a tomar sus lecciones de natación.

Eddy llegó apresurado a la casa de Tina, tocando fuertemente la puerta. Toc Toc, Toc Toc.

-¿Quién es? - respondió el papá de Tina al toque de la puerta

-Señor, soy Eddy, vengo por Tina para ir a nuestra clase de natación.-

-Pásale Eddy - dijo amablemente el señor; Tina está terminando de acomodar sus cosas en su mochila.

Al escuchar la voz de Eddy, Tina en un instante tomó sus cosas y salió corriendo a la sala.

-Ya estoy lista- dijo Tina con la respiración agitada.

-Vámonos Tina, que mi mamá nos espera en el coche- dijo Eddy.

Y con un cálido abrazo y un beso en la mejilla, se despidió Tina de sus padres, quienes la vieron partir desde la puerta de su casa .

Finalmente Tina y Eddy llegaron a la academia de natación. Un silbato resonaba fuertemente:
Príiiiiiiiiii...
Era el famoso entrenador Rocco llamando a los niños.
—Acérquense todos rápidamente a la piscina. Quiero que formen una fila.
Todos los niños emocionados obedecieron al entrenador y corrieron a formarse en una línea.

¡Regla número uno! –exclamó el entrenador Rocco con su voz fuerte y grave: – Nadie puede entrar a la piscina si no está bien equipado, así que necesitan ir al vestidor a cambiarse de ropa y ponerse sus trajes de natación, sus gorros y sus gafas. En diez minutos los quiero de regreso formados.

Síií, entrenador Rocco– respondieron todos los niños a una misma voz y se dirigieron hacia los vestidores. Pasados los diez minutos, los niños regresaron con el entrenador, quien comenzó a contar a los niños: "uno, dos, tres, cuatro...", hasta que se dio cuenta que faltaba alguien.

–¡Falta Tina! Esperen aquí, vayan calentando. Ya regreso –dijo el entrenador.

El entrenador Rocco se dirigió directamente hacia los vestidores de niñas buscando a Tina.
- ¡Tina, Tina...! ¿Dónde estás? ¡Te estamos esperando!– le gritaba, cuando inesperadamente miró a Tina en una esquina del vestidor, teniendo dificultad para ponerse su traje de natación. El entrenador continuó caminando mientras la miraba fijamente. Al verlo, Tina gritó espantada:
–¡¡¡Ahhh!!!.. – ¡Entrenador! ¿Qué hace aquí? ¡Los hombres no pueden entrar al vestidor de las niñas!
–Déjame ayudarte, veo que tienes dificultad en ponerte tu traje de natación; para eso soy tu entrenador. Anda, déjame ayudarte –insistió el entrenador Rocco, ahora mucho más cerca de la temerosa tortuguita.

Tina, yo sólo quiero ayudarte. – Y empezó a abrazarla y tocarla de una manera extraña. Tina se puso muy nerviosa, porque nunca nadie la había tocado de esa manera. No eran las acostumbradas caricias de su papá, ni los abrazos respetuosos de Don Pancho. Se sentía tan incómoda que se quedó sin habla. Quería salir corriendo, pero su temor sólo le permitió dejar escapar lágrimas de sus ojos y quedarse paralizada.

El entrenador le dijo con voz amenazante:
– ¡Tina! Este es un secreto entre tú y yo. No le digas a nadie, porque si dices nuestro secreto, te voy a hacer cosas muy malas. Y de todos modos nadie te va a creer porque tú solo eres una niña y yo soy el famoso entrenador Rocco, aquel que todo el mundo quiere y admira. Anda, apúrate, y sal a tomar tus clases.
Tina salió del vestidor limpiando las lágrimas de su rostro con su cabecita baja.

Empezó el entrenamiento y todos los niños llevaban a cabo sus ejercicios de natación muy contentos y divirtiéndose con el entrenador Rocco, pero Tina no parecía disfrutar el entrenamiento. Estaba alejada del grupo y se veía muy triste. Eddy la miró y enseguida se dio cuenta que algo le pasaba a su amiga, porque no tenía el mismo entusiasmo de siempre.

-*Príííííí*- Volvió a sonar el silbato del entrenador.
-Niños, ya es hora de ir a casa, vayan a secarse y esperen a que sus padres vengan por ustedes.

Después de unos minutos llegó la mamá de Tina a recogerla.
- ¡Hola princesa! ¿Cómo te fue en tus clases de natación?
- Bien- respondió Tina con su carita agachada; su mamá notó que estaba callada y triste.
-Tina, ¿Qué tienes? ¿Te sientes bien?

Tina se quedó pensando un momento y recordó la amenaza que le hizo el entrenador Rocco: "No le digas a nadie, porque si dices nuestro secreto te voy a hacer cosas muy malas y de todos modos nadie te va a creer porque tú solo eres una niña".

Tina respondió con voz muy bajita:
-Si mamá estoy bien, no me pasa nada. Sólo estoy cansada.

Llegando a casa, Tina se bajó enseguida del coche y entró a su casa. Dijo buenas noches y directamente se dirigió hacia su cuarto a dormirse sin cenar, y sin siquiera saludar a su papá a quien tanto quiere.

Era un nuevo día, con un sol brillante y luminoso. El día perfecto para ir al parque a divertirse. Como de costumbre, Eddy pasó a la casa de Tina para juntos ir al parque a jugar con sus amigos. Pero esta vez Tina no quiso ir; dijo que estaba cansada y no quería salir. Decepcionado, Eddy se fue solo al parque a jugar con los demás niños.

Mientras Eddy jugaba con sus amigos, Don Pancho, el abuelito de la tiendita, les echaba un vistazo a lo lejos para asegurarse que estuvieran bien, ya que ese día ni Eddy ni Tina pasaron por la tiendita. De repente se escuchó un ruido fuerte de un carro. Era el entrenador Rocco que llegó en su camioneta roja altísima, con enormes llantas, y se estacionó cerca del parque.

- ¡Eddy, ven! - gritó el tío Rocco.
-¡Tío Rocco! - Eddy, muy contento corrió con su tío.
- Mira, te traje tu dulce preferido–
 Y le mostró una barra de chocolate.
–¡Wow tío, eres lo máximo!
–Sube al carro y te lo daré – dijo el tío Rocco.

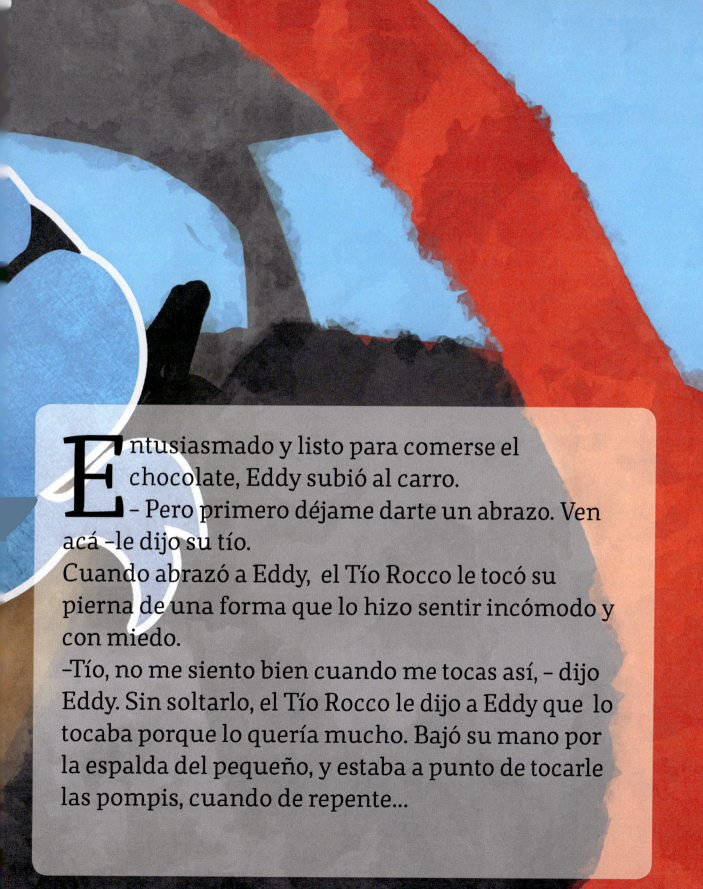

Entusiasmado y listo para comerse el chocolate, Eddy subió al carro.
– Pero primero déjame darte un abrazo. Ven acá –le dijo su tío.
Cuando abrazó a Eddy, el Tío Rocco le tocó su pierna de una forma que lo hizo sentir incómodo y con miedo.
–Tío, no me siento bien cuando me tocas así, – dijo Eddy. Sin soltarlo, el Tío Rocco le dijo a Eddy que lo tocaba porque lo quería mucho. Bajó su mano por la espalda del pequeño, y estaba a punto de tocarle las pompis, cuando de repente...

**Z**az! Apareció Don Pancho con su bastón y le pegó al tío Rocco en la cabeza.
-¡Don Pancho!, exclamó Eddy con alta voz
-¡¿Qué crees que estás haciendo, cochino tiburón?!
Eddy corrió muy asustado a esconderse tras las piernas de don Pancho, quien lo abrazó y le dijo;
-No tengas miedo, nadie te hará daño.-

Don Pancho se dirigió al tío Rocco:
-¡Tú no puedes tocarlo así! Lo que estás haciendo es incorrecto, por lo tanto pagarás por tus malos actos!
De repente sonó una sirena. Era el policía que vigilaba el vecindario.
-¿Está todo bien? Les preguntó.
-¡No, señor!- gritó don Pancho, con enojo en su voz
-Llévese a este tiburón que quiso aprovecharse de un pequeño inocente.
- El policía miró a Eddy, y vió en su rostro mucho temor; y sin dudarlo un segundo, arrestó al tiburón y se lo llevó a la cárcel.

Don Pancho llevó a Eddy con sus papás y les contó lo que el tío Rocco quería hacerle.
Los Papás de Eddy lo abrazaron muy fuerte.
-¡Mamá!, ¡Papá!, ¡Tengo mucho miedo! - les dijo Eddy sollozando.
Su Papá le respondió: - Hijito, ya no tengas miedo. No vamos a permitir que nunca jamás alguien te haga daño.-
Eddy se sintió protegido y se tranquilizó. Los papás de Eddy despidieron a don Pancho y le agradecieron por haber salvado a su hijo.

Los Papás de Eddy decidieron ir a hablar con los padres de Tina acerca de lo que le había sucedió a Eddy, para que estuvieran al pendiente de ella. La mamá de Tina se alarmó mucho por lo que le pasó a Eddy, y llamó a la tortuguita.

—Anda, baja y ven a la sala. Eddy está aquí; queremos platicar contigo.

Cuando Tina llegó, su mamá le preguntó:

—Hija, tu papá y yo hemos observado que en estos últimos días has actuado de una manera diferente y queremos que nos cuentes lo que te sucede. Somos tus padres, te amamos mucho y puedes confiar en nosotros.

Tina, muy nerviosa, empezó a derramar algunas lagrimitas, y se quedó callada por un segundo. Cuando por fin habló, les dijo lo que el entrenador Rocco le había hecho, y cómo le había dicho que era un secreto, que no se lo podía decir a nadie, y que la había amenazado con hacerle cosas malas si revelaba el secreto.

Los Padres de Eddy y Tina les explicaron a las tortuguitas que nadie puede tocarlas, a menos que sean sus mamás al bañarlos, o un doctor, siempre que sus padres estén presentes.

–Hay partes íntimas y privadas del cuerpo, como las partes que te cubre el traje de baño. Esas partes se llaman partes privadas, y nadie debe tocarlas ni mirarlas –dijo la mamá de Tina.

–Si alguien trata de tocarles el cuerpo y de hacerles cosas que les hagan sentir raro, o sentir miedo o incomodidad, díganles NO con firmeza, y enseguida pidan ayuda a un adulto. También hablen con nosotros, que somos sus padres y estamos para protegerlos. Tienen derecho a no querer que les den un beso o los toquen, incluso cuando se trata de una persona a la que quieren.

Tina y Eddy , escuchen muy bien- dijo el Papá de Tina. —Hay secretos buenos y secretos malos. Los secretos buenos son para dar una sorpresa, como cuando don Pancho les dio un chocolate extra para regalarnos en el Día del Padre, o cuando se hace una fiesta sorpresa para un cumpleaños. Los secretos malos son los que te ponen triste o nervioso, o te hacen sentir muy mal o incómodo. Los secretos malos no deben guardarse; deben confesarse.

Los Padres de Tina y Eddy hicieron una oración con ellos:

*"Señor Jesús, te pido que me ayudes a no tener miedo por lo que me hizo el entrenador Rocco. Quita de mi mente todo recuerdo malo que me haga sufrir. Yo lo perdono porque tú nos enseñas a perdonar. Amén"*

Después de la oración se sintieron muy felices.
—Niños, lo que les sucedió no va a impedir que logren sus sueños, ni lo que ustedes quieran ser de grandes: una doctora, un policía o un gran surfista. Recuerden que Jesús ya limpió sus corazoncitos y son libres para realizar sus sueños.
Tina y Eddy muy contentos abrazaron a sus papás,

Y cada noche, antes de ir a dormir, la mamá de Eddy y la mamá de Tina iban a sus habitaciones a darles un besito y hacían una oración. Cada vez que tenían miedo, repetían lo siguiente:

*"En paz me acostaré*
*y así también dormiré,*
*porque sólo Tú, SEÑOR,*
*me haces vivir seguro".*

El miedo se desaparecía y dormían tranquilamente.

## Recomendaciones a los Padres:

## ¿Qué es el abuso sexual?

Es toda conducta deliberada en la que un niño es utilizado como objeto sexual, atentando contra su integridad física y psicológica por parte de un adulto o adolescente que lo fuerza o lo persuade a las actividades sexuales, con la que mantiene una relación de desigualdad, ya sea en cuanto a edad, madurez o poder.

## ¿Cómo detectar si un niño sufre de abuso sexual?

- Llanto continuo.
- Excesiva agresividad.
- Temor o rechazo hacia alguna persona.
- Bajo rendimiento escolar.
- Enuresis diurna o nocturna.
- Desconfianza en sí mismo.
- Negarse a ir a la escuela.
- Delincuencia.
- Secretismo.
- Evidencia de abusos o molestias sexuales en sus dibujos, juegos o fantasías.
- Angustia sin aparente motivo.
- Cansancio o apatía permanente.
- Conductas agresivas persistentes.
- Evitación exagerada al contacto (aislamiento).
- Pesadillas.
- Mudez.

Los que abusan sexualmente de los niños pueden hacer que el niño esté extremadamente temeroso de revelar las acciones del agresor, y solo cuando se ha hecho un esfuerzo para ayudarlo a sentirse seguro, es que se consigue que el niño hable libremente.

Si un niño dice que ha sido molestado sexualmente, los padres deben hacerle sentir que lo que pasó no fue culpa suya. Los padres deben buscar ayuda médica, denunciar el hecho y realizar al niño un examen físico y psicológico para determinar su condición.

## ¿Qué debe usted hacer cuando se ha abusado sexualmente de un niño?

- Si el niño lo dice, escúchelo y tómelo en serio. Los niños muy pocas veces inventan historias de abuso sexual.
- Si usted está alarmado o siente vergüenza, no se lo demuestre al niño, pues él se sentirá más afectado.
- No lo presione. Apoye al niño evitando gestos, preguntas o juicios que le hagan sentirse aún más angustiado o culpable.
- Si el niño o niña decide hablar, anímele y muéstrele confianza para que diga la verdad y hable con libertad.
- No lo juzgue, ni lo haga sentir culpable.
- Solicite apoyo a algún especialista, para ayudar al niño y también a la familia en la forma que debe tratar el problema.
- Prepare al niño para esa ayuda. Explíquele que tendrá que conversar con otras personas acerca de lo sucedido, y que todo será para su propio bien.
- Denuncie ante las autoridades a la persona que abusó sexualmente del niño.
- Comunique este hecho a los Servicios Sociales.

# *Guía para Padres:*

- Verde: la cabeza, las manos, los brazos (si ellos se sienten cómodos, está bien una caricia).
- Amarillo: la entrepierna (cuidado).
- Rojo: El pecho, los glúteos y los genitales (nadie debe tocarlos).

Made in the USA
Middletown, DE
09 July 2024

57065160R00033